BEI GRIN MACHT SICH IHR WISSEN BEZAHLT

- Wir veröffentlichen Ihre Hausarbeit, Bachelor- und Masterarbeit

- Ihr eigenes eBook und Buch - weltweit in allen wichtigen Shops

- Verdienen Sie an jedem Verkauf

Jetzt bei www.GRIN.com hochladen und kostenlos publizieren

GRIN

Kundenbindung im Dienstleistungsmarketing und die Vermarktung einer komplexen Beratungsleistung

Psychologische Erklärungsansätze und Geschäftsfeldstrategien bei Friseur, Werkstatt und Versicherung

Anke Jung

Bibliografische Information der Deutschen Nationalbibliothek:

Die Deutsche Nationalbibliothek verzeichnet diese Publikation in der Deutschen Nationalbibliografie; detaillierte bibliografische Daten sind im Internet über http://dnb.d-nb.de abrufbar.

ISBN: 9783346209900
Dieses Buch ist auch als E-Book erhältlich.

Druck und Bindung: Books on Demand GmbH, Norderstedt Germany
Gedruckt auf säurefreiem Papier aus verantwortungsvollen Quellen

Das vorliegende Werk wurde sorgfältig erarbeitet. Dennoch übernehmen Autoren und Verlag für die Richtigkeit von Angaben, Hinweisen, Links und Ratschlägen sowie eventuelle Druckfehler keine Haftung.

Das Buch bei GRIN: https://www.grin.com/document/912243

EINSENDEAUFGABE

Alternative D: Die Bedeutung der „Kundenbindung im Dienstleistungsmarketing" und die Vermarktung einer komplexen Beratungsleistung in Anlehnung an psychologische Erklärungsansätze sowie Beispiele für Geschäftsfeldstrategien.

SRH FernHochschule Riedlingen

Dienstleistungen und Service Management

Wirtschaftspsychologie (B. Sc.)

Abgegeben am 13.07.2017

von

Anke Jung

Inhaltsverzeichnis

Abkürzungsverzeichnis

Abb.	Abbildung
Bsp.	Beispiel
DL	Dienstleistung
f	Folgende Seite
ff	Folgende Seiten
HI	High Involvement
LI	Low Involvement
NFZ	Nutzfahrzeuge
PKW	Personenkraftwagen
S.	Seite
SGF	Strategisches Geschäftsfeld
SOR-Modell	Stimulus-Organismus-Reaktions-Modell
SWOT	Strengths, Weaknesses, Opportunities, Threats
u.ä.	und ähnliche
u.a.	und andere
u.v.m.	und viele mehr
z.B.	zum Beispiel

Abbildungsverzeichnis

Tabellenverzeichnis

1. Kundenbindung

In diesem Kapitel wird ausschließlich das Thema „Kundenbindung" anhand der Beratung in einer Bank aus Sicht des Dienstleistungsmarketings betrachtet. Zunächst werden Begriff und Bedeutung geklärt bevor strategische und operative Marketingmaßnahmen zur Kundenbindung an die Bank erörtert werden. Abschließend werden Grenzen für die Kundenbindung an die Bank und im Allgemeinen aufgezeigt. Aufgrund der Aufgabenstellung wird das „Dienstleistungsmarketing" erst in Kapitel 2 definiert.

Die Beratung in einer Bank stellt eine Dienstleistung (im Folgenden kurz DL) dar. Eine ausführliche Definition erhält der Leser in Kapitel 2.1.. Als Dienstleister versucht die Bank, Kunden an sich zu binden, um so unterschiedliche Ziele, wie z.b. einen höheren Ertrag oder den Erhalt der Marktmacht, zu erreichen. Die Kundenbindung ist damit u.a. eine Determinante zum ökonomischen Erfolg (siehe Abbildung 1) und hat als Mengen-, Preis- und Kostenkomponente Einfluss auf diesen.[1] Da sich die Bank in einem Markt mit starkem Wettbewerb befindet, stellt die Kundenbindung eine zentrale Zielgröße im Marketing dar, die das Kaufverhalten positiv beeinflussen soll.[2] Durch eine gute Kundenbindung kann von einer positiven Mund-zu-Mund-Kommunikation ausgegangen werden, die folglich ebenfalls Einfluss auf den ökonomischen Erfolg ausübt. Wenn z.B. ein Kunde gut beraten wurde, fungiert er als Multiplikator und erzählt sein positives Erlebnis im Familien- und Bekanntenkreis weiter, so dass durch die Weiterempfehlung Neukunden bzw. weitere Abschlüsse generiert werden können.[3] In Kapitel 1.3. wird dies kritisch betrachtet.

Für die Forschung ist die Kundenbindung ein psychologisches Ziel, konkreter ein konatives (verhaltensbezogenes) Ziel, um den Kunden zum Wiederkauf, zur Weiterempfehlung, zum Cross-Selling (Zusatzkauf) und damit zur Absatzsteigerung zu bewegen (siehe Abbildung 1). D.h. der Kunde soll zukünftig auch in die Bank kommen, dort seine bisherigen Geschäfte tätigen, neue Verträge in unterschiedlichen Bereichen abschließen sowie Freunden und Familie von der guten Beratung erzählen und diese weiterempfehlen.[4]

---

[1] Vgl. Meffert, H. / Bruhn, M.: 2012, S. 136ff
[2] Vgl. Bareiß, A. / Merk, J.: 2014, S. 38
[3] Vgl. Halfmann, M.: 2014, S. 37ff
[4] Vgl. Meffert, H. / Bruhn, M.: 2012, S. 130f, S. f

Damit dies gelingt, kann das DL-Marketing verschiedene Strategien zur psychologischen Wirkung der Bank auf den Kunden, wie z.B. ihr Image, die Kundenzufriedenheit oder die Risikowahrnehmung, verfolgen. Diese haben wiederum Einfluss auf die Kundenbindung. Nach einem einfachen Modell folgt auf eine Marketingmaßnahme eine un- oder bewusste Reaktion des Kunden die sich, wie in Abbildung 1 ersichtlich, auf sein Verhalten auswirkt.

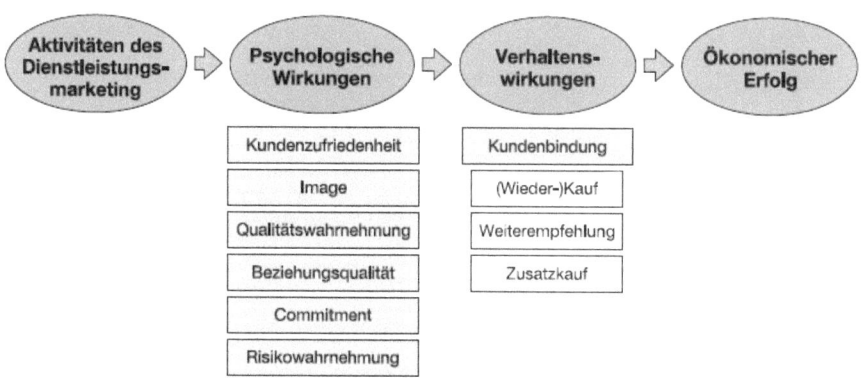

Abbildung 1: Wirkungsgrößen des Kaufverhaltens im Dienstleistungsbereich entlang der Erfolgskette (Quelle: Meffert, H. / Bruhn, M.: 2012, S. 114)

Obiges beschreibt die Verbundenheit des Kunden mit der Bank als mögliche Kundenbindung, bei der sowohl eine „Muss-", aber auch eine „Will"-Bindung vorhanden ist. Dies erfolgt auf freiwilliger Basis des Kunden, hat einen ersichtlichen Nutzen für den Kunden und geht oft mit der Zufriedenheit der Bankberatung einher. Im Gegensatz dazu kann der Kunde durch eine reine „Muss"-Bindung an die Bank gebunden sein, z.B. durch die Laufzeit von Verträgen (vertragliche Gebundenheit) oder hohe Wechselkosten wie etwa die Vorfälligkeitsentschädigung bei Krediten (ökonomische Gebundenheit).[5] Dementsprechend können unterschiedliche Kundebindungsstrategien, wie in Abbildung 2 ersichtlich ist, Anwendung finden.

---

[5] Vgl. Meffert, H. / Bruhn, M.: 2012, S. 253ff

Gebundenheitsstrategie		
Vertragliche Gebundenheit	**Technisch-funktionale Gebundenheit**	**Ökonomische Gebundenheit**
Bindung von Zusatzleistung an Kernleistung: ■ Garantiebedingungen (Automobil) ■ Service-Verträge (EDV) Bindung bei Folgekäufen: ■ Abonnement (Zeitschriften, Theaterkarten) ■ Mindestbezugsvereinbarungen (Buchclub) ■ Langfristige Vertragsgestaltung (Sportvereine, Leasingverträge)	Technisch-funktional bedingter Verbund von Zusatz- und Kernleistung: ■ Kundendienst im Automobilbereich ■ Technischer Kundendienst und Schulung bei komplexen, individuell erstellten Produkten (EDV-Hard- und/oder Software) Technisch-funktionale Bindung bei Erweiterungs- bzw. Folgekäufen: ■ Bindung durch einheitliche Schnittstellen (Anschlussflüge) ■ Bindung durch technische Kompatibilität (LEGO)	Erhöhung der Wechselkosten: ■ Austrittsgebühren (Kontoauflösungen im Bankbereich) ■ Verlust von Vorteilen (geringer Rückkaufwert bei Kapitallebensversicherungen) ■ Bürokratische Austrittsverfahren (Versicherungsummeldung) Preissetzung: ■ Preisbundling (Pauschalreisen) ■ Anhebung fixer Eintrittskosten bei gleichzeitiger Ermäßigung der Folgekosten (Bahncard, Sportvereine) ■ Preisdegression in Abhängigkeit von Bindungsdauer (Schadensrabatte bei Versicherungen) ■ Rabattsystem (freie Leistungseinheit bei mehrmaligem Bezug, z. B. Sporteinrichtungen, Pizza-Service)
Verbundenheitsstrategie		
Bindung über Zufriedenheit: ■ Zielgerichteter, an Kundennutzen orientierter Einsatz der Marketingaktivitäten Bindung über spezielle Kundenbindungsinstrumente: ■ Kundenclub ■ Kundenkarte ■ Kundenzeitung ■ Beschwerdemanagement ■ Direct Marketing		

Abbildung 2: Typen von Kundenbindungsstrategien mit Beispielen (Quelle: Meffert, H. /Bruhn, M: 2012, S. 255)

Die Kundenbindung kann durch die Betrachtung des bisherigen, des gegenwärtigen und des künftigen Kaufverhaltens sowie zukünftigen Absichten erfasst werden. Z.B. durch die Befragung der Kunden, aber auch der Bankberater zu bisherigem Kundenverhalten, Absichten des Wieder- oder Zusatzkaufs sowie der Weiterempfehlungsabsicht.[6]

---

[6]Vgl. Bruhn, M.: 2008, S. 529

Bei all diesen Strategien ist zu beachten, dass nach neusten Erkenntnissen die Service-dominant Logic nicht außer Acht gelassen werden sollte. Diese stellt das Marketing als Kernkompetenz dar, die durch umfassendes Wissen und Fähigkeiten eine übergreifende Philosophie für das Unternehmen erfüllen sollte, um so besonders kundenorientiert vorzugehen. Dabei ist das Ziel, eine gute Serviceleistung zu erbringen, die bei der Service-dominant Logic überall dort gefordert ist, wo Wissen und Fähigkeiten ausgetauscht werden. U.a. wird davon ausgegangen, dass der Kunde immer Co-Produzent ist, das Unternehmen lediglich ein Wertangebot abgibt und Service bereits innerhalb des Unternehmens zwischen Kollegen stattfindet.[7]

Im Folgenden sollen nun zunächst strategische Marketingmaßnahmen zur Erreichung einer langfristigen Kundenbindung vorgestellt werden.

1.1.   Mit strategischem Marketing zur Kundenbindung

Im Rahmen des strategischen Dienstleistungsmarketings gilt es zunächst herauszufinden, welche Ziele sich die Bank setzt. Dabei werden unternehmensorientierte, kundenorientierte und mitarbeiterorientierte Ziele unterschieden. Wie oben erwähnt, ist der Aufbau einer langfristigen Kundenbindung ein verhaltensbezogenes Ziel, dass sowohl in die Kategorie Kundenorientierung, als auch Mitarbeiterorientierung gehört - siehe dazu Kapitel 2.2.. Das heißt, es sollten Marketingmaßnahmen sowohl für Kunden als auch für Mitarbeiter ausgearbeitet werden. [8]

Um den relevanten Markt abzugrenzen, können verschiedene Analysestrategien herangezogen werden, die hier nicht alle und nicht allumfassend aufgeführt werden, da dies den Rahmen der Arbeit sprengen würde.

Über die SWOT-Analyse (Strengths, Weaknesses, Opportunities, Threats) können die bisherigen Stärken und Schwächen der Bank ermittelt werden und Anhaltspunkte liefern, an welchen Stellen Potentiale offen sind. Z.B. hat die Bernhauser Bank ihre Stärke im Firmenkundengeschäft und ihre Schwäche im Privatkundengeschäft. Die Privatkunden sollen daher in Zukunft besser gebunden werden.[9]

---

[7] Vgl. Vargo, S. / Lusch, R.: 2004, S. 6ff
[8] Vgl. Meffert, H. / Bruhn, M.: 2012, S. 136ff
[9] Vgl. Knoke, M. / Kade-Lamprecht, E. / Özergin, B.: 2016, S. 65

Über die Kundenlebenszyklusanalyse kann herausgefunden werden, welche Altersgruppen eine besonders starke oder eine besonders schwache Kundenbindung haben. Dies kann Hinweise auf bereits gelungenes oder misslungenes Dienstleistungsmarketing geben. Beispielsweise gibt es bei der Bernhauser Bank sehr viele ältere Kunden, die mit Eröffnung ihres ersten Kontos bei einem Berater sind und sich dort so wohl fühlen, dass sie nur durch ihn eine Beratung wünschen. Junge Kunden dagegen kennen ihren zugeordneten Berater oft nicht und nutzen das Beratungsangebot nur spärlich.[10]

Über eine Kundenstrategie, die im Rahmen der Geschäftsfeldstrategie (siehe Kapitel 3) zur Anwendung kommt, kann in Erfahrung gebracht werden, welche Gründe es für die Abwanderung oder die Bindung von Kunden gibt, um so die Rückgewinnung zu fördern. Dabei kann u.a. der Ausbau des Beschwerdemanagements innerhalb der Bank ein Instrument zur Erkennung von Kundeninteressen und der Behebung bei Missständen. Siehe dazu auch Kapitel 2.3..[11]

Beispielhaft wurde durch das strategische Marketing folgendes Ziel für die Bernhauser Bank in Erfahrung gebracht, welches durch die operativen Marketingmaßnahmen im nächsten Kapitel erreicht werden soll:

„Förderung einer langfristigen Kundenbindung von jungen Privatkunden"

1.2. Mit operativem Marketing zur Kundenbindung

Im Marketing-Mix wird die operative Marketingplanung, mit den Teilgebieten „Product" (= Leistungs- und Programmpolitik), „Price" (= Preis- und Konditionenpolitik), „Place" (= Distributionspolitik) und „Promotion" (= Kommunikationspolitik) zusammengefasst. In einer Bank werden diese ergänzt durch „People" (= Personalpolitik) und „Processes" (= Prozesspolitik), da es sich um ein Dienstleistungsunternehmen handelt.[12] Im Sinne des Marketing-Mix wird nun für jedes Teilgebiet ein Beispiel zur Erreichung des in Kapitel 1.1. ermittelten Ziels nur kurz genannt, um den Umfang der Arbeit einzuhalten.

Um gerade junge Kunden der Generation Y zu binden, ist es ratsam sich der Sozialen Medien zu öffnen und zusätzlich zu den Beratungen vor Ort E-Services anzubieten. Online

---

[10] Vgl. Bareiß, A. / Merk, J.: 2014, S.53 und S. 64
[11] Vgl. Meffert, H. / Bruhn, M.: 2012, S. 252ff
[12] Vgl. Meffert, H. / Burmann, C. / Kirchgeorg, M.: 2015, S. 22

Beratungen und ein öffentlicher Auftritt bei z.B. Facebook sind dabei geeignete Marketingmaßnahmen der Leistungspolitik, die eine technisch-funktionale Kundenbindung zur Folge hat.[13]

Zudem ist OnlineBanking als distributionspolitische Maßnahme zu nennen, da die örtliche Präferenz durch den Standort der Bank nahezu wegfällt. Selbst ein Umzug hat dadurch nicht zwangsläufig einen Wechsel der Bank zur Folge, was einen weiteren Aspekt für die Kundenbindung darstellt.[14] Im momentanen Niedrigzinsniveau könnten den jungen Kunden eine attraktive Verzinsung und Rabatte bei Partnern der Bank (z.B. Freibädern, Kinos, etc.) durch Vorzeigen einer goldenen BankCard ermöglicht werden, z.B. im Rahmen einer Mitgliedschaft bei der Bank. Dadurch können die jungen Kunden durch preispolitische Maßnahmen ökonomisch und vertraglich an die Bank gebunden werden.[15] Die Kommunikationspolitik sollte sich Bildern und Events bedienen, da diese besonders Jugendliche stärker überzeugen als verbale Argumente. Um die Kunden emotional zu binden, sollte die Kundenansprache von Verlässlichkeit, Kontinuität und einem hohen „Wohlfühlfaktor" geprägt sein.[16] „Denn das Einzige, was auch langfristig nicht kopiert werden kann, sind die Beziehungen, die ein Unternehmen und insb. dessen Führungskräfte und Mitarbeiter zu Kunden aufbauen."[17] Daher sollten Bewerber auf Beratungsstellen dahingehend ausgewählt und später geschult werden, dass sie nicht nur über eine hohe fachliche Kompetenz im Privatkundenbereich, sondern auch über Methoden und psychologische Kompetenzen der Beratung verfügen. Außerdem sollte die Bank für zufriedene Berater sorgen, die hinter der Bank stehen, da sich dies, wie oben genannt, positiv auf die Kundenbindung auswirkt.[18] Im Rahmen der Prozesspolitik gilt es, das Prozessmanagement zu optimieren, in dem z.B. die Kunden innerhalb einer gesetzten Frist von 24-Stunden eine Rückmeldung auf ihre Anfrage bekommen. Dies ist wichtig für das Gesamtbild der Qualität der Bank und damit Teil, einer guten Kunde-Bank-Beziehung.[19]

---

[13] Vgl. Meffert, H. / Bruhn, M.: 2012, S. 175ff und S. 360ff
[14] Vgl. Kreutzer, R. T.: 2010, S. 207f und S. 313
[15] Vgl. Meffert, H. / Bruhn, M.: 2012, S. 175ff
[16] Vgl. Halfmann, M.: 2014, S. 55 und S, 272
[17] Kreutzer, R. T.: 2010, S. 422
[18] Vgl. Meffert, H. / Bruhn, M.: 2012, S. 75ff
[19] Vgl. Haller, S.: 2015, S. 34

1.3.   Grenzen der Kundenbindungsmaßnahmen

Kritisch ist bei einer Bank zu betrachten, dass die Mehrzahl der Kunden einen negativen Deckungsbeitrag (DB) generieren.[20] Folglich sollten die Kundenbindungsmaßnahmen auf die Kunden ausgerichtet werden, die einen positiven DB aufweisen. Allerdings gestaltet sich dies in der Praxis schwierig, da negative Mund-zu-Mund-Propaganda durch die „vernachlässigten" Kunden entstehen kann. Als Beispiel sei eine vierköpfige Familie genannt, bei der ausschließlich der Vater einen positiven DB aufweist. Zielen die Kundenbindungsmaßnahmen nur auf ihn ab, kann es passieren, dass sich die Frau und die Kinder benachteiligt fühlen, daraufhin die Bank wechseln und der Vater eventuell nachzieht, trotz seiner eigenen guten Bindung zur Bank. Weiter kann nach Studien davon ausgegangen werden, dass das negative Ereignis mit mehr Menschen im Umfeld geteilt wird, als das positive Erlebnis und so Folgegeschäfte mit anderen Kunden oder potentiellen Neukunden ausbleiben.[21]

Außerdem würde bei der reinen Selektion nach dem DB die Zielgruppe des Beispiels von Kapitel 1.2. unbeachtet bleiben, obwohl diese das Potential von morgen bedeuten. Werden junge Kunden zu spät beachtet, ist die Gefahr groß, dass sie bereits früher von anderen Marktteilnehmern abgeworben wurden. Daher ist darauf zu achten, nach welchen Kriterien die Kunden selektiert werden, um Kundenbindungsmaßnahmen durchzuführen. Zudem sollte das Prozessmanagement so gut sein, dass kein Kunde innerhalb eines Jahres mehrfach, durch verschiedene Kampagnen und Selektionen, angegangen wird, da dies wiederum zu Unzufriedenheit beim Kunden führen kann.[22]

Generell ist die Vermeidung von negativer Mund-zu-Mund-Propaganda ein erstrebenswertes Ziel. Allerdings hat die Bank viele Kunden, mit unterschiedlichen Erwartungen und Bedürfnissen, die sich unterschiedlich verhalten und durch ihr Verhalten eventuell andere Kunden belästigen (z.B. schreien manche Kunden, wenn sie wütend werden), wodurch es für die Bank sehr schwer ist, alle Kunden auf einmal zufrieden zu stellen und an sich zu binden. Beispielsweise verlangen manche Bankkunden, dass sie immer sofort bedient werden, egal ob bereits ein anderer Kunde mit vereinbartem Termin wartet oder sie verlangen, dass sie ohne Dispositionskredit eine Überziehung genehmigt bekommen. Dies widerspricht jedoch den Bankvorschriften. Wenn allerdings der Berater

[20] Vgl. Meffert, H. / Bruhn, M.: 2012, S. 155 und S. 253
[21] Vgl. Zerres, M. P. / Reich, M.: 2010: S. 252
[22] Vgl. Zerres, M. P. / Reich, M.: 2010: S. 211

der Bitte nicht nachkommt, sind manche Kunden verärgert und sehen die Ursache des Konflikts nicht am eigenen Verhalten, sondern in der Ablehnung des Beraters, der sich jedoch an die Vorschriften hält.[23]

Zieht ein Kunde z.b. in ein anderes Bundesland und hat kein Internet, kann die Bank trotz guter Kundenbindung den Kunden verlieren, wenn der Dienstleister dort keinen Standort hat. Oder der Berater geht in Rente und war für den Kunden der einzige Grund dem Unternehmen treu zu bleiben, da Vertrauen und Vertrautheit zu einem neuen Berater erst wiedererlangt werden müssen, wenn nicht das Unternehmen an sich, z.B. durch das Image, die Kundenbindung erzielt hat. Zudem benötigt die Ausrichtung aller Serviceaktivitäten des Unternehmens auf den Kunden einen hohen Zeitaufwand und Kosteneinsatz, was sich nicht jedes Unternehmen leisten.[24] Ist der Kunde nur aufgrund des günstigen Preises an das Unternehmen gebunden und hat keine emotionale Bindung, dann sorgt eine Preiserhöhung nach einem beinahe ruinösen Preiswettbewerb für das Lösen der Beziehung.[25]

Zusammenfassend lässt sich sagen, dass unterschiedliche Arten der Kundenbindung (siehe Abbildung 2) verschieden stark auf den Kunden wirken, aber eine Abwanderung dennoch möglich ist, sollten sich bei dem Kunden oder dem Dienstleister Faktoren ändern. Die Autorin würde empfehlen, den Kunden durch alle Arten der Kundenbindung an das Unternehmen zu binden. Dies erscheint ihr aber unmöglich, da durch den externen Faktor Mensch, mit seinen vielen Fassetten und unterschiedlichen Persönlichkeiten, zu viele Variablen zu beachten wären, um dies erfolgreich darzustellen.

---

[23] Vgl. Zerres, M. P. / Reich, M.: 2010: S. 252
[24] Vgl. Vgl. Bareiß, A. / Merk, J.: 2014, S. 14
[25] Vgl. Zerres, M. P. / Reich, M.: 2010: S. 252

2. Dienstleistungsmarketing

Um die Vermarktung einer komplexen Beratungsleistung darstellen zu können, wird zunächst die Beratung in einer Bank als spezielle DL und anschließend das Dienstleistungsmarketing an sich definiert. Folgend wird die Vermarktung der Bankberatung mit Hilfe psychologischer Erklärungsansätze beleuchtet.

2.1. Beratung in einer Bank

Bevor auf die komplexe Beratungsleistung in einer Bank eingegangen wird, wird zuvor das Thema Dienstleistungen veranschaulicht. In Abbildung 3 ist im sogenannten Marketing-Verbund-Kasten ersichtlich, dass kein Gut bei der Vermarktung ohne einen Dienstleistungsanteil auskommt. Somit finden wir je nach Gut unterschiedliche Dienstleistungen, die verschiedene Ziele verfolgen.[26]

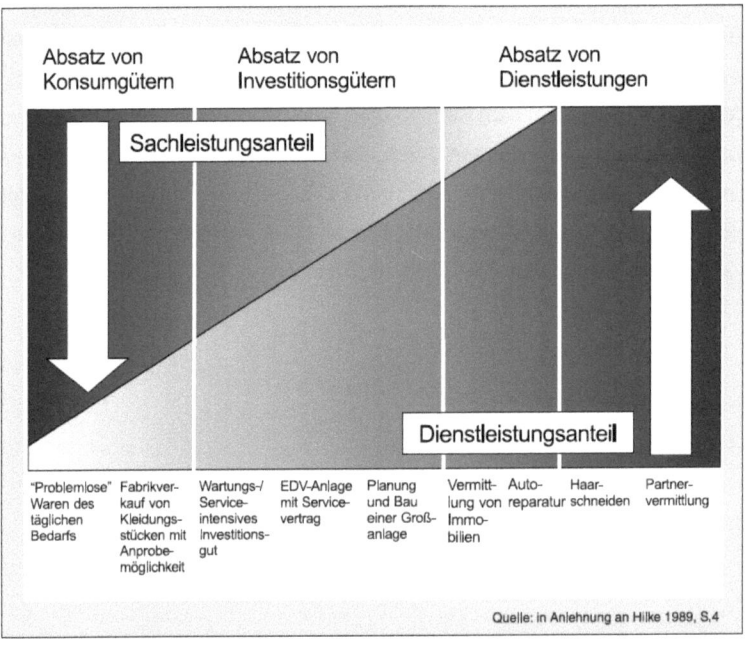

Abbildung 3: Der Marketing-Verbund-Kasten (Quelle: Hilke 1989, S.4, aus Bruhn, M. 2008, S. 20)

---

[26] Vgl. Bruhn, M.: 2008, S.19f

„Dienstleistungen sind selbstständige, marktfähige Leistungen, die mit der Bereitstellung (z.B. Versicherungsleistungen) und/oder dem Einsatz von Leistungsfähigkeiten (z.B. Friseurleistungen) verbunden sind (Potenzialorientierung). Interne (z.B. Geschäftsräume, Personal, Ausstattung) und externe Faktoren (also solche, die nicht im Einflussbereich des Dienstleisters liegen) werden im Rahmen des Erstellungsprozesses kombiniert (Prozessorientierung). Die Faktorenkombination des Dienstleistungsanbieters wird mit dem Ziel eingesetzt, an den externen Faktoren, an Menschen (z.B. Kunden) und deren Objekten (z.B. Auto des Kunden) nutzenstiftende Wirkungen (z.B. Inspektion beim Auto) zu erzielen (Ergebnisorientierung).“[27]

Die Beratung in einer Bank stellt nach dieser Definition eine potentialorientierte Dienstleistung (= DL) dar. Beratungen sind im Gegensatz zu Sachgütern nicht greifbar, d.h. durch ihre Immaterialität „intangibel“ – man kann die Beratung in einer Bank nicht anfassen und nach dem Erscheinungsbild oder Material beurteilen.[28] Bei der Beratung in einer Bank wird **durch** eine Person (den Berater) die Leistung **an** einer Person (dem Kunden) direkt erbracht, d.h. für die Qualität der DL sind sowohl der Prozess als auch das Ergebnis entscheidend.[29] Die Bankberatung kann zudem nicht für andere Kunden gelagert werden. Lediglich das Leistungsergebnis, in Form eines Abschlusses, kann als lagerfähig bezeichnet werden, da die Zielerreichung erst am Ende des Jahres mithilfe der Abschlussquote kontrolliert wird.[30] Der Kunde ist hier das externe Potential, ohne ihn kann nicht von einer Bankberatung gesprochen werden. Erst beim Zusammentreffen von Bankberater und Kunden kann von der DL „Bankberatung“ gesprochen werden. Somit wird der Kunde in die Tätigkeit des Beraters integriert.[31] In diesem Zusammenhang spricht man bei DL häufig vom „Uno-actu“-Prinzip, was den Zusammenfall von Leistungserstellung und Leistungsabgabe bedeutet. Die DL wird in dem Moment konsumiert, in dem sie erstellt.[32] Da jeder Kunde ein Individuum, mit eigenen Wünschen und Bedürfnissen darstellt, können Bankberatungen nur eingeschränkt standardisiert werden und sind daher individuell.[33]

---

[27] Meffert, H. / Bruhn, M.: 2012, S. 17
[28] Vgl. Bruhn, M.: 2008, S.19f
[29] Vgl. Bareiß, A. / Merk, J.: 2014, S. 23
[30] Vgl. Bruhn, M.: 2008, S.21f
[31] Vgl. Haller, S.: 2015, S. 215f
[32] Haller, S.: 2015, S. 9f
[33] Vgl. Matys, E.: 2007, S. 10f

Die Beratung in einer Bank wird durch die Immaterialität der meisten Produkte noch komplexer. Denn wie die Beratung selbst können z.b. Konten nur schlecht für den Kunden greifbar gemacht werden. Zudem sind die Produkte durch eine Vielzahl von Anbietern kaum überschau- und vergleichbar und oft schwer verständlich, da es unzählige Variationen der Ausgestaltung gibt, was für den Kunden eine große Auseinandersetzung mit dem Thema bedeutet.[34] Das macht die Beratung zu einem Erfahrungsgut und einem Vertrauensgut, da erst, wenn bereits eine Erfahrung mit der Beratung gemacht wurde, kann die Dienstleistung beurteilt werden.[35]

2.2. Psychologische Erklärungsansätze

Im Folgenden sollen zunächst die psychologischen Erklärungsansätze kurz dargestellt werden, bevor diese in Kapitel 2.3. für die Vermarktung der Beratung in einer Bank herangezogen werden.

Das SOR-Modell (Stimulus-Organismus-Reaktions-Modell) soll das Verhalten von Menschen nachdem ein bestimmter Stimulus auf diese eingewirkt hat erklären. Im Dienstleistungsbereich steht ‚S' für die Marketingmaßnahmen, ‚O' für das Wissen, die Einstellungen und die Gefühle der Kunden und ‚R' für das gezeigte Kaufverhalten. Damit soll herausgefunden werden, welche Marketingmaßnahmen beim Kunden positive Gefühle auslösen bzw. seine Einstellung zur Beratung positiv verändern, sodass sich seine Kaufabsicht erhöht. Da mit diesem Schema nicht alle Eventualitäten auf einmal erklärt werden können, gibt es weitere Ansätze, die versuchen, spezielle Teilgebiete des Dienstleistungsmarketings zu klären.[36]

---

[34] Vgl. Bareiß, A. / Merk, J.: 2014, S. 112
[35] Vgl. Bareiß, A. / Merk, J.: 2014, S. 22
[36] Vgl. Meffert, H. / Bruhn, M.: 2012, S. 62f

Bei der Lerntheorie wird davon ausgegangen, dass sich der Konsument je nach Gut unterschiedlich stark kognitiv und emotional mit dem Kauf auseinandersetzt. Bei automatischen Lernprozessen spricht man von Low Involvement (LI), die Eckpunkte dazu sind in Tabelle 1 dargestellt.

Low Involvement	
• Geringe Gedächtnisleistung	• Markentreue durch Gewohnheit
• Geringe Verarbeitungstiefe	• Passierenlassen
• Gering verankerte, flache	• Passive Informationsaufnahme
Einstellung	• Viele akzeptable Alternativen
• Hohe Persuasion	• Wenige Merkmale beachtet
• Keine Bewertung und wenn, nur	• Wenig sozialer Einfluss
nach dem Kauf	• Ziel „keine Probleme"

Tabelle 1: Charakteristika Low Involvement
(eigene Darstellung in Anlehnung an Trommsdorff, V.: 2009, S. 49)

Als High Involvement (HI) wird dagegen das hohe Engagement bezeichnet,[37] mit dem sich der Konsument dem Kauf widmet (siehe dazu Tabelle 2). Hierbei werden komplexere Lernprozesse in Gang gesetzt. [38]

High Involvement	
• Aktive Auseinandersetzung	• Stark verankerte, intensive Einstellung
• Aktive Informationssuche	• Vergleichende Bewertung vor dem
• Geringe Persuasion	Kauf
• Hohe Gedächtnisleistung	• Viele Merkmale beachtet
• Hohe Verarbeitungstiefe	• Viel sozialer Einfluss
• Markentreue durch Überzeugung	• Ziel „Optimierung"

Tabelle 2: Charakteristika High Involvement
(eigene Darstellung in Anlehnung an Trommsdorff, V.: 2009, S. 49)

Zusätzlich existiert im Rahmen der Lerntheorie das Verstärkungsprinzip. Dieses besagt, dass dem Konsumenten die positive oder negative Meinung, von ihm nahestehender Personen, zu seiner Kaufentscheidung wichtig sind und diese sein zukünftiges Kaufverhalten beeinflussen. Bei positiver Rückmeldung z.B. durch die Familie wird der Kauf eher erneut getätigt, da dies als „Belohnung" verstanden werden kann. Wenn allerdings die beste Freundin eine negative Einstellung zu dem Kauf äußert, wird der nächste Kauf eventuell überdacht, da das negative Feedback nach dem Verstärkerprinzip

---

[37] Vgl. Orth, H.: 2012, S. 48
[38] Vgl. Trommsdorff, V.: 2009, S. 48

als „Strafe" empfunden wird.[39] Finden beide Rückmeldungen zu ein und demselben Kauf statt, kann es zu Zweifeln am Kauf kommen und es entsteht ein innerer Konflikt und damit eine kognitive Dissonanz beim Konsumenten. Die Dissonanztheorie untersucht solche subjektiven und individuellen Erfahrungen, die für ein kognitives Ungleichgewicht sorgen.[40]

Ist der Nettonutzen größer als die Nettokosten und empfindet der Kunde den Kauf als gerecht, wird er die Austauschbeziehung positiv beurteilen, das Ziel der Gleichheit nach der sozialen Austauschtheorie ist erreicht. Mit der Anreiz-Beitragstheorie werden zudem noch die menschlichen Fehler bzw. Vereinfachungen wie z.B. Heuristiken für die Erklärung von Kaufentscheidungen herangezogen.[41] Die Equity Theorie vertieft die vorangegangenen Methoden und wird für den Umgang mit unzufriedenen Konsumenten herangezogen, um bei diesen eine Wiederherstellung der Gerechtigkeit zu erzielen.[42]

Die Risikotheorie besagt, dass Konsumenten ihr Kaufrisiko in funktioneller, finanzieller, sozialer und psychischer Hinsicht so gering wie möglich halten wollen. Da die Toleranzschwelle jedoch individuell ist, werden negative Konsequenzen unterschiedlich bewertet und Risiken lassen sich nicht pauschal minimieren. Durch die Wiederholung einer Kaufentscheidung sind die Risiken bereits bekannt und können minimiert werden. Dies erklärt, warum Konsumenten langfristige Geschäftsbeziehungen eingehen.[43]

Eine weitere Theorie, die einen Teilaspekt betrachtet, ist die Balancetheorie. Diese besagt, dass eine gute Kundenbeziehung und daraus folgend ein Kauf entstehen, wenn die Bedürfnisse, Überzeugungen, Einstellungen, Werte und Aktivitäten des Verkäufers und des Kunden im Gleichgewicht sind. Außerdem wird davon ausgegangen, dass die Einstellung, die Zufriedenheit und das Auftreten des Mitarbeiters in Bezug auf sein Unternehmen auf den Kunden übergehen. Folglich sollten diese positiv sein, um den Kunden an das Unternehmen zu binden.[44]

---

[39] Vgl. Meffert, H. / Bruhn, M.: 2012, S. 64
[40] Vgl. Festinger, L.: 1978, S. 16
[41] Vgl. Bareiß, A. / Merk, J.: 2014, S. 25f
[42] Vgl. Schultz, C.: 2006, S. 66ff
[43] Vgl. Kroeber-Riel, W. / Weinberg, P. / Gröppel-Klein., A.: 2009, S. 435ff
[44] Vgl. Bareiß, A. / Merk, J.: 2014, S. 24f

2.3. Vermarktung einer komplexen Beratungsleistung

Beim Marketing in einer Bank gibt es sehr viele Ansatzpunkte, auf die hier nicht vollständig eingegangen werden kann. Die Autorin beschränkt sich auf die Anwendung der in Kapitel 2.2. beschriebenen Ansätze, um den Rahmen der Arbeit nicht zu sprengen.

Bei der Vermarktung der Bankberatung ist es wichtig zu beachten, dass der Kunde immer die Gesamtheit der Dienstleistung bewertet. So sind angenehme Räumlichkeiten und ein gutes Prozessmanagement genauso wichtig, wie die Beratung durch den Bänker.[45]

Die in Tabelle 2 auf S. 15 dargestellten Eigenschaften des High Involvements sind bei einer Beratung in der Bank gegeben und die Berater sollten dementsprechend darauf eingehen.[46] „Da die Leistungen immateriell sind, erscheint es sinnvoll, sie möglichst präzise auszuformulieren, um dem Kunden einen genauen Einblick in die Serviceleistung zu gewähren. Dies hilft sein Vertrauen zu erringen und Nachkaufdissonanzen zu reduzieren."[47] Um Unsicherheiten beim Kunden auszuräumen sollten die Informationen vor und nach dem Kauf in ausreichendem Maß, deutlich und logisch geschildert werden. Werden die relevanten Informationen zudem noch zentral und gut positioniert dem Kunden zu jeder Zeit bereitgestellt, hat dieser kaum Aufwand bei der Suche nach Informationen. Dies wirkt sich nach der sozialen Anreiz-Beitragstheorie positiv auf das Kaufverhalten aus.[48]

Mit einem guten Beschwerdemanagement kann nach der Equity Theorie ein unzufriedener Kunde zu einem zufriedenen Kunden werden. Jede Beschwerde ist für den Berater die Möglichkeit, die Kundenbindung zu stärken und zu verbessern. Denn der Kunde gibt ihm die Chance in seinem Sinn Gerechtigkeit herzustellen.[49] Von der Kulanz und dem Entgegenkommen der Bank wird berichtet, aber noch wichtiger ist es, dass keine negative Mundpropaganda entsteht, die zukünftige Kunden fernhält.[50]

Die Bankberater sollten bestmöglich auf die individuellen Kundenwünsche eingehen können. Zwar wird durch bestimmte Beratungstools und eine vorgegebene Agenda in manchen Banken versucht, dem Berater einen Standard vorzugeben, jedoch wird er

---

45 Vgl. Merk, J. / Schwekendiek, M.: 2014, S. 73ff und Vgl. Haller, S.: 2015, S. 34
46 Vgl. Trommsdorff, V.: 2009, S. 48
47 Haller, S.: 2012, S. 142.
48 Vgl. Bareiß, A. / Merk, J.: 2014, S. 24f
49 Vgl. Bösener, K.: 2012: S. 98ff
50 Vgl. Zerres, M. P. / Reich, M.: 2010, S. 399

dadurch an der flexiblen Anpassung auf Kundenwünsche gehindert und sein Handlungsspielraum eingeschränkt.[51] Dies kann Auswirkungen auf die Zufriedenheit und Einstellung des Beraters zur Bank haben und folglich negativ auf den Kunden und seine Kaufentscheidung auswirken. Daher sollten Standards im Sinne der Balancetheorie vermieden werden und z.b. mit dem Job-Characteristik-Modell[52] für die Mitarbeiterzufriedenheit gesorgt werden, damit der Mitarbeiter die Bank positiv darstellt. Zudem ist es nach dieser Theorie sinnvoll, den Berater dahingehend zu schulen, dass er Bedürfnisse, Überzeugungen, Einstellungen, Werte und Aktivitäten des Kunden erkennt und seine eigenen dementsprechend mit diesen in Einklang bringt.[53]

Durch die Integration des Kunden bei der Bankberatung besteht eine potentiell größere Tendenz zur kognitiven Dissonanz. Es ist ratsam zu versuchen, dass der Kunde keinen anderen Anbieter in Erwägung zieht oder weitere Vergleiche anstellt.[54] Daher empfiehlt es sich, Zweifel am Kauf durch vorbeugende Maßnahmen zu verhindern. Dies kann z.B. neben der oben genannten Informationsbereitstellung die Bestärkung des Kunden sein, dass dieser nach seinen Wünschen und Bedürfnissen gehandelt hat. Oder es wird versucht, negative Informationen durch das Umfeld des Kunden zu vermeiden. Dazu können etwa Einwände des Umfelds vorab besprochen werden oder das Umfeld wie z.B. die Eltern mit zum Gespräch dazu gebeten werden.[55] Zudem bietet es sich durch Nachtelefonieren/ ein Nachtreffen an, dem Kunden den Kauf durch positive Informationen und Beantwortung aufgekommener Fragen erneut zu bestätigen, um eine eventuell aufgetretene Dissonanz auszuräumen. Dies ist besonders bei Neukunden sehr wichtig, deren Vertrauen noch nicht gefestigt ist.[56]

Hat sich der Kunde für den Kauf entschieden, dann gilt es, die Vertrauensbasis aufrecht zu erhalten und die bereits gemachten positiven Erfahrungen hervorzuheben. Dadurch werden Risiken minimiert und die Risikotheorie geht davon aus, dass nach einem Kauf ein zweiter Kauf sowie eine langfristige Kundenbeziehung wahrscheinlich ist. Als Marketingmaßnahme können die Berater geschult werden, zunächst einen kleinen Betrag des Kunden in ein unbekanntes Produkt zu investieren, damit für diesen zum einen die

---

[51] Vgl. Merk, J. / Schwekendiek, M.: 2014, S. 90
[52] Vgl. Myers, D. G.: 2008, S. 788f
[53] Vgl. Meffert, H. / Bruhn, M.: 2012, S. 67
[54] Vgl. Meyer, A.: 2015, S. 82f
[55] Vgl. Bareiß, A. / Merk, J.: 2014, S. 22
[56] Vgl. Matys, E.: 2007, S. 89ff

Nettokosten gering ausfallen, die Risiken insgesamt geringer sind und er so positive Erfahrungen sammelt.[57]

Die Autorin merkt an, dass es bei der Vermarktung von Bankberatungen noch viele weitere Möglichkeiten gibt und dass einige Maßnahmen mehrere Theorien abdecken, so dass eine klare Abgrenzung kaum möglich ist. So ist z.B. die Informationsbereitstellung sowohl im Sinne der Risikotheorie als auch der Dissonanztheorie anwendbar. Für eine ausführlichere Darstellung der Sachverhalte ist diese Arbeit nicht geeignet und es wird auf weiterführende Literatur verwiesen.

---

[57] Vgl. Bösener, K.: 2012: S. 101ff

3. Geschäftsfeldstrategien

Nachdem in den vorangegangenen Kapiteln bereits auf konkrete Marketingmaßnahmen eingegangen wurde, wird in diesem Kapitel die Einteilung nach Geschäftsfeldern für drei Unternehmen beispielhaft gezeigt.

Bei Geschäftsfeldstrategien handelt es sich um Strategien, die den relevanten Markt eines Unternehmens aus Sicht des Kunden in strategische Geschäftsfelder (SGF) abgrenzen. Bei der Einteilung von SGF zur Befriedigung von Kundenproblemen ist darauf zu achten, dass aus Wettbewerbssicht eine relevante externe Markteinheit mit möglichst eigenständiger Ressourcenbeanspruch angesprochen wird. Also ohne Überschneidungen zu anderen SGF. Diese sollten möglichst über einen langen Zeitraum trennscharf erkennbar sein. Zudem sollte jedes SGF einen dauerhaften Beitrag zum Gesamterfolg leisten.[58] Die Summe aller SGF ergibt somit den gesamten Geschäftsbereich des Unternehmens.[59] Werden im Vergleich dazu neben einer unternehmensexterne auch eine unternehmensinterne Variable gewählt, dann befinden man sich beispielsweise im Bereich der Portfolioanalyse und nicht mehr bei den SGF.[60]

Ein SGF ist je nach Strategie entweder zwei- oder dreidimensional. Bei der zweidimensionalen Abgrenzung werden die Dimensionen Abnehmergruppe und Leistungen analysiert und kantenscharf getrennt. Bei der dreidimensionalen Abgrenzung sind Dimensionen wie Funktionen, Kundengruppen und Technologien denkbar.[61]

In den Kapiteln 3.1., 3.2. und 3.3. wird aufgezeigt, welche SGF mit zwei Dimensionen in den Dienstleistungsunternehmen „Friseur", „Werkstatt" und „Versicherung" gebildet werden könnten und an welchen Stellen beispielhaft Schwerpunkte gesetzt werden.

---

[58] Vgl. Meffert, H. / Bruhn, M.: 2012, S. 140f
[59] Vgl. Bareiß, A. / Merk, J.: 2014, S. 67
[60] Vgl. Bareiß, A. / Merk, J.: 2014, S. 55
[61] Vgl. Meffert, H. / Bruhn, M.: 2012, S. 142f

Die SGF dienen als Teil der Wettbewerbsstrategien dazu, Betätigungsschwerpunkte zu setzen, für diese Ziele zu entwerfen und weitere Strategien auf ein SGF anzuwenden. So kann herausgefunden werden, worauf sich das Unternehmen in diesem SGF konzentrieren will.[62] In Abbildung 4 ist exemplarisch dargestellt, wie die Geschäftsfeldplanung für ein Unternehmen aussehen kann.

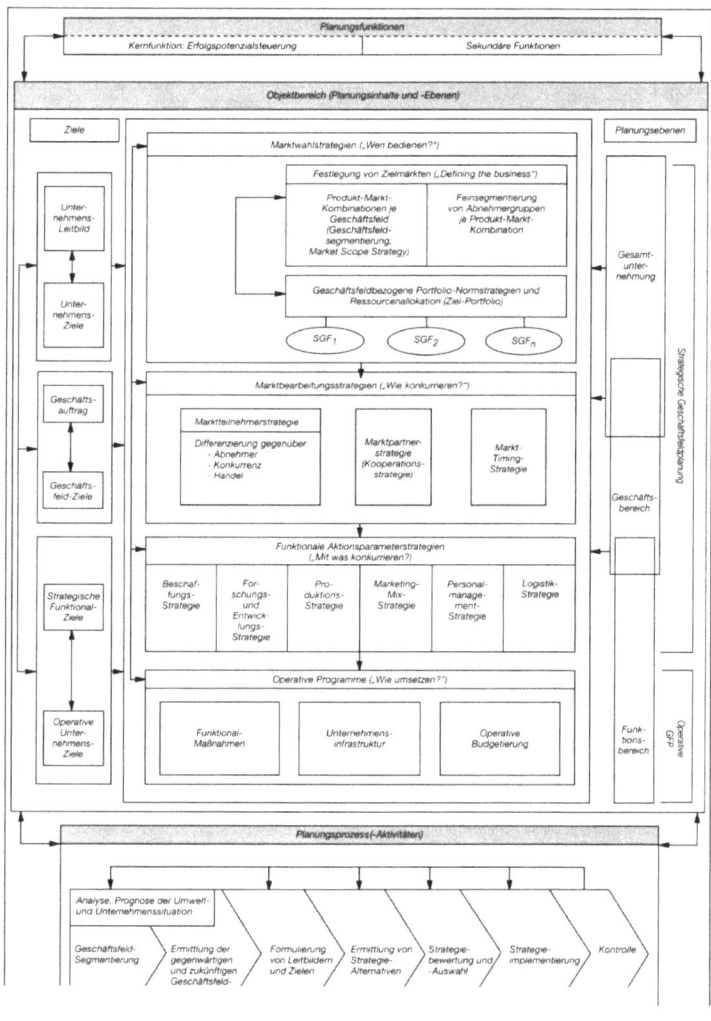

Abbildung   4:   Konzeptionelle   Elemente   der   Geschäftsfeldplanung
(Quelle: .www.daswirtschaftslexikon.de; 27.6.17)

---

[62] Vgl. Haller, S.: 2015, S. 61f

3.1. Mögliche SGF eines Friseurs

Leistung / Abnehmergruppe	Waschen	Schneiden	Frisieren	Make-up
Männer	20%	30%	50%	0%
Frauen	20%	20%	20%	40%
Kinder	10%	85%	5%	0%

Tabelle 3: Bsp. SGF eines Friseurs (eigene Darstellung)

Bei diesem Beispiel sollen besonders Kinderhaarschnitte gefolgt von Make-up für Frauen und Frisuren für Männer beworben werden. Mit welcher Strategie dies verfolgt wird, ist nicht Teil dieser Arbeit. Außerdem sind weitere Abnehmergruppen wie Bräute und Senioren noch möglich, allerdings sind diese nicht trennscharf von der Abnehmergruppe „Frauen" bzw. „Männer" zu unterscheiden und daher hier nicht aufgeführt. Diese Unterscheidung könnte innerhalb des SGF erfolgen.

3.2. Mögliche SGF einer Werkstatt

Leistung / Abnehmergruppe	Reparatur	Ersatzteile	TÜV	Neuwagen-verkauf	Gebrauchtwagen-verkauf
PKW	80%	5%	5%	5%	5%
NFZ	15%	80%	5%	0%	0%

Tabelle 4: Bsp. SGF einer Werkstatt (eigene Darstellung)

In diesem Beispiel werden die möglichen SGF einer Werkstatt aufgeführt. Der Bereich der Personenkraftwagen (PKW) kann dabei noch weiter gegliedert werden z.B. in die Nutzung durch Privatkunden und Geschäftskunden. Die Nutzfahrzeuge (NFZ) könnten beispielsweise noch in Lastkraftwagen, Transporter, Traktoren, Schlepper, etc. unterteilt werden. Dabei soll hier der Schwerpunkt des Marketings auf der Zielerreichung durch den Ersatzteilverkauf bei NFZ und durch Reparaturen bei PKW liegen.

3.3.   Mögliche SGF einer Versicherung

Leistung Abnehmergruppe	Sachversicherungen	„Leben"-Versicherungen
Privatkunden	30%	70%
Firmenkunden	20%	80%

Tabelle 5: Bsp. SGF einer Versicherung (eigene Darstellung)

Für eine Versicherung ist bei der zweidimensionalen SGF Abgrenzung obiges Beipiel möglich. Jedoch ist für jedes SGF eine weitere Unterteilung denkbar. Z.B. können Privatkunden entweder Singles oder Familien sein und im Bereich Sachversicherungen u.a. eine Hausratversicherung, eine Haftpflichtversicherung oder im Bereich Leben u.a. eine Rentenversicherung oder eine Risikolebensversicherung abschließen. Im Beispiel konzentriert sich das Marketing der Versicherungsgesellschaft auf den Bereich der „Leben"-Versicherungen.

3.4.   Potentielle Nachteile von SGF

Nachdem nun mögliche strategische Geschäftsfelder anhand von Beispielen aufgezeigt wurden, erörtert die Autorin im folgenden potentielle Nachteile von SGF.

Bei der zweidimensionalen Abgrenzung von SGF bleiben im Gegensatz zu der dreidimensionalen Strategie nach Abell die möglichen Technologien („Womit werden die Kundenprobleme gelöst?") unbeachtet. Zudem kann das Abell-Schema um Elemente der betrieblichen Wertschöpfungskette erweitert werden wie z.B. Vertriebswege, Kundennutzen oder die Kostenstruktur.[63]

Dabei lassen sich die SGF oft nicht mehr trennscharf abgrenzen und fraglich ist, wie strategisch relevant die einzelnen SGF noch sind.[64] Beispielsweise ist bei der Abarbeitung von allen SGF einer Versicherung zur vollen Ausschöpfung des Kundenpotentials die Gefahr gegeben, dass durch die Überschneidungen einige Kunden innerhalb eines Jahres mit verschiedenen Marketingmaßnahmen konfrontiert werden. Dies kann als belästigend empfunden werden. Daher ist abzuwägen, wie viele SGF gebildet werden, wenn diese durch mehr Dimensionen nicht mehr trennscharf abgegrenzt werden können.[65]

---

[63] Vgl. Abell, D. F.: 1980, S. 16ff
[64] Vgl. Meffert, H. / Bruhn, M.: 2012, S. 213ff
[65] Vgl. Zerres, M. P. / Reich, M.: 2010, S. 50f

Literaturverzeichnis

- Abell, D. F.: Defining the Business: The Starting Point of Strategic Planning. London. 1980

- Bareiß, A. / Merk, J.: Dienstleistungsmarketing. Studienbrief (0648-01) der SRH FernHochschule Riedlingen. Riedlingen. 2014

- Bösener, K.: Kundenzufriedenheit, Kundenbegeisterung und Kundenpreisverhalten. Wiesbaden. 2015

- Bruhn, M.: Qualitätsmanagement für Dienstleistungen. Heidelberg. 2008

- Festinger, L.: Theorie der kognitiven Dissonanz. Bern. 1978

- Halfmann, M.: Zielgruppen im Konsumentenmarketing. Wiesbaden. 2014

- Haller, S.: Dienstleistungsmanagement. Wiesbaden. 2015

- Kreutzer, R. T.: Praxisorientiertes Marketing. Wiesbaden. 2010

- Knoke, M. / Kade-Lamprecht, E. / Özergin, B.: Strategisches Marketing. Studienbrief (0221-08) der SRH FernHochschule Riedlingen. Riedlingen. 2016

- Kroeber-Riel, W. / Weinberg, P. / Gröppel-Klein., A.: Konsumentenverhalten. 9. Auflage. München. 2009

- Meffert, H. / Bruhn, M.: Dienstleistungsmarketing. Wiesbaden. 2012

- Meffert, H. / Burmann, C. / Kirchgeorg, M.: Marketing. Grundlagen marktorientierter Unternehmensführung. Wiesbaden. 2015

- Merk, J. / Schekendiek, M.: Dienstleistungsmanagement. Studienbrief (0650-04) der SRH FernHochschule Riedlingen. Riedlingen. 2014

- Meyer, A.: Aktuelle Aspekte in der Dienstleistungsforschung. Wiesbaden. 2015

- Myers, D. G.: Psychologie. Heidelberg. 2008

- Orth, H: Konsumverhalten. Studienbrief (0585-02) der SRH FernHochschule Riedlingen. Riedlingen. 2012

- Trommsdorff, V.: Konsumentenverhalten. Stuttgart. 2009

- Vargo, S. /Lusch, R. Evolving to a new dominant logic for Marketing. In: Journal of Marketing, Ausgabe 1. 2004

- Zerres, M. P. / Reich, M.: Handbuch Versicherungsmarketing. Heidelberg. 2010

Internetquellenverzeichnis

- Wirtschaftslexikon. 2017.
  http://www.daswirtschaftslexikon.com/d/gesch%C3%A4ftsfeldplanung/gesch%C3%A4ftsfeldplanung.htm
- Researchgate. 2015.
  https://www.researchgate.net/publication/277595894_Affective_reactions_differ_between_Chinese_and_American_healthy_young_adults_A_cross-cultural_study_using_the_international_affective_picture_system

BEI GRIN MACHT SICH IHR WISSEN BEZAHLT

- Wir veröffentlichen Ihre Hausarbeit,
  Bachelor- und Masterarbeit

- Ihr eigenes eBook und Buch -
  weltweit in allen wichtigen Shops

- Verdienen Sie an jedem Verkauf

Jetzt bei www.GRIN.com hochladen
und kostenlos publizieren

.